ACCESO GRATIS *a la Lectura en la Nube*

Para visualizar el libro electrónico en la nube de lectura envíe junto a su nombre y apellidos una fotografía del código de barras situado en la contraportada del libro y otra del ticket de compra a la dirección:

ebooktirant@tirant.com

En un máximo de 72 horas laborables le enviaremos el código de acceso con sus instrucciones.

AF276464

La extrema derecha en Europa

La extrema derecha en Europa

Anna López Ortega

tirant humanidades
Valencia, 2025

En caso de erratas y actualizaciones, la Editorial Tirant Humanidades publicará la pertinente corrección en la página web www.tirant.com.

Director de la colección Ágora
JOAN ROMERO GONZÁLEZ

© Anna López Ortega

© TIRANT HUMANIDADES
EDITA: TIRANT HUMANIDADES
C/ Artes Gráficas, 14 - 46010 - Valencia
TELFS.: 96/361 00 48 - 50
FAX: 96/369 41 51
Email: tlb@tirant.com
www.tirant.com
Librería virtual: www.tirant.es
DEPÓSITO LEGAL: V-809-2025
ISBN: 978-84-1081-160-7
MAQUETA: Innovatext

Si tiene alguna queja o sugerencia, envíenos un mail a: *atencioncliente@tirant.com*. En caso de no ser atendida su sugerencia, por favor, lea en *www.tirant.net/index.php/empresa/politicas-de-empresa* nuestro procedimiento de quejas.

Responsabilidad Social Corporativa:
http://www.tirant.net/Docs/RSCTirant.pdf

Índice

La extrema derecha
en Europa

«La extraña aglomeración de elementos de esa derecha en ascenso, su curiosa combinación de libertarismo, moralismo, autoritarismo, nacionalismo, odio al Estado, conservadurismo cristiano y racismo. Estas nuevas fuerzas aúnan elementos conocidos del neoliberalismo (desregulación del capital, represión de los trabajadores, demonización del Estado y lo político, ataque a la igualdad, promulgar la libertad) con sus aparentes opuestos (nacionalismo, refuerzo de la moral tradicional, populismo antielitista y demandas de soluciones estatales a problemas sociales y económicos). Combinan su supuesta superioridad moral con una conducta casi celebratoriamente amoral e irrespetuosa. Respaldan la autoridad, al tiempo que presentan una desinhibición social pública y una agresión sin precedentes. Se enfurecen contra el relativismo, pero también contra la ciencia y la razón, y rechazan consignas y reclamaciones basados en la evidencia, en la argumentación racional, en la credibilidad y la responsabilidad. Desprecian a los políticos y a la política y a la vez evidencian una voluntad de poder y una ambición política feroces»

Wendy Brown,
En las ruinas del neoliberalismo (2021)

«Europa es el continente de la Ilustración, pero también del Romanticismo y sus apestosas nostalgias. Es el lugar donde el jardín de Goethe colinda con el campo de concentración de Mauthausen»

Timothy Garton Ash, *The Guardian* (2024)

POLÍTICA EN TIEMPOS DE OSCURIDAD. *UNA INTRODUCCIÓN*

En la última década los partidos de extrema derecha han duplicado sus votos en Europa, se han hecho con uno de cada cuatro escaños en los parlamentos nacionales y han entrado en doce ejecutivos estatales y en centenares de gobiernos regionales y locales. La presencia de esta fuerza política que disiente del modelo integrador europeo es indicio de que nos encontramos en un punto de inflexión, en un cambio de época incluso. Ya no se trata de especulaciones ni de agitar espantajos para amedrentar ni atemorizar a nadie, sino de poner en evidencia una realidad ostensible: que hoy en día la extrema derecha gobierna en solitario o en coalición con fuerzas conservadoras tradicionales en países fundadores del proyecto europeo como Italia o Países Bajos.

Este crecimiento electoral se ha consolidado sobre todo en las dos últimas décadas y no podemos minusvalorarlo ni minimizar su importancia, pues la extrema derecha está aglutinando electoralmente —a una velocidad vertiginosa— el voto del malestar, el miedo y la ira de una creciente masa de población, incluidas las clases medias, que han visto muy mermada su calidad de vida en términos económicos, además de sus posibilidades de ascenso en la escala social, uno de los compromisos tácitos de la democracia capitalista. Todo ello ha hecho posible que, en pocos años, en los países europeos haya calado socialmente un ideario reaccionario, el de la nueva extrema derecha, que se muestra beligerante contra las innovaciones políticas, sociales y económicas propiciadas por la creciente internacionalización de la economía y la homogeneización cultural consecuente con ella. Contra esos nuevos valores, contra estas nuevas formas de organización económica, la ultraderecha opone una ideología basada en el rechazo de la noción de igualdad, el repliegue identitario y la intolerancia contra el diferente. Justamente, algunos de los pilares éticos sobre los que se sustenta el proyecto de la Unión Europea

La extrema derecha, que en las primeras elecciones europeas fue una minoría irrelevante y casi exótica —apenas los cuatro diputados del neofascista *Movimento Sociale Italiano* (MSI)—, ahora ha extendido su presencia a casi todos los países de la Unión Europea. Salvo Irlanda, Malta y Lituania, todos los estados miembros tienen en sus parlamentos nacionales diputados ultraderechistas. A consecuencia de ello, ahora mismo un 28% de los europeos viven en un país gobernado por esta familia de fuerzas reaccionarias, ultranacionalistas, tradicionalistas, euroescépticas y xenófobas, radicalmente contrarias al espíritu que permitió la construcción de la Unión Europea, nacida —según Jacques Delors— «de los amores virtuosos de la socialdemocracia y la democracia cristiana», dos culturas políticas actualmente en horas más que bajas.

Debemos precisar, ya desde el principio, que bajo el rótulo de «extrema derecha» anidan en realidad diversas variantes y declinaciones regionales, que incluyen desde los que no se arredran en reivindicar el fascismo hasta los ultraconservadores, pasando por exacerbados partidarios del autoritarismo, los tradicionalistas cristianos, los contrarrevolucionarios de viejo cuño, los populistas antisistema, los supremacistas blancos, los abiertamente neonazis o aquellos otros defensores de las esencias patrias siempre amenazadas por el enemigo exterior y, sobre todo, interior. Todas estas facciones resultan dispares, ciertamente, pero convergen en un punto en común que resulta fundamental para la supervivencia de nuestros sistemas democráticos: la amenaza al pluralismo democrático. No son pocos los analistas que consideran la posibilidad real de desaparición de las democracias liberales, o su reconversión en una variante distinta a las que conocemos, si este variopinto linaje extremista accede al poder en solitario en algún momento.

A pesar de sus divergencias, todas estas formaciones comparten una aire de familia —en el sentido que atribuía Wittgenstein a la expresión— que comulga, a grandes rasgos, con las mismas referencias ideológicas: un nacionalismo beligerante como motor de su acción política, un antiglobalismo acendrado que cursa con el repliegue nacional y la implantación de aranceles que romperían las reglas del libre comercio, una concepción autoritaria del orden social, profundamente euroescéptica, una xenofobia (sobre todo islamófoba) especialmente combativa contra la inmigración y un desacomplejado anti-intelectualismo que descalifica a la ciencia, niega la evidencia científica del cambio climático y desprecia la cultura, todo ello corolario político de la crisis de autoridad de los saberes tradicionales que Lyotard definió como *La condición posmoderna* en la, ya lejana, década de los noventa. En definitiva, el universo extremista busca reconvertir —si no dinamitar— la democracia liberal desde dentro de sus propias instituciones nucleares mediante restricciones graduales de derechos consolidados o fomentando discursos de odio que desembocan con frecuencia en prácticas violentas o las legitiman: desde ataques o asesinatos de políticos hasta actos terroristas como la masacre perpetrada por el ultraderechista Anders Behring Breivik —que asesinó a 77 jóvenes presentes en una convención del partido socialdemócrata en la isla de Utoya (Noruega) en julio de 2011—, quien justificó su matanza porque había que «acabar con aquellos que habían propiciado el multi-culturalismo».

Pero la aparente diversidad de movimientos, culturas políticas, partidos y organizaciones no debería ocultar la evidente unidad de sus planteamientos y objetivos. Más allá de las diferencias en lo referente a sus propuestas concretas, las prioridades de cada formación o su posicionamiento ideológico respecto a algunos temas presentes en la conversación pública, existe una continuidad esencial entre sus argumentos, estrategias y objetivos para, según proclaman, «resolver» no solo los problemas internos de cada país sino también los desafíos globales a los que se enfrenta el mundo moderno. Un mundo, a sus ojos, desquiciado, que ha perdido de vista los referentes tradicionales que aseguraban un modelo de vida plena y feliz.

¿Qué explica este *Zeitgeist* —este espíritu de los tiempos— populista de signo reaccionario? El diagnóstico no es sencillo. Por este motivo, este libro analiza el viaje realizado por la extrema derecha desde el final de la Segunda Guerra Mundial —cuando ocupaban posiciones irrelevantes y marginales en el escenario político— hasta su llegada setenta años después al centro mismo del sistema democrático nacional y europeo. Un momento, el actual, de plenitud para una cultura política que, aunque quisimos creerlo, nunca acabó de desaparecer del imaginario colectivo, agazapada en algunos reductos sociales minoritarios que mantuvieron vivos sus rescoldos ideológicos.

Pero sería un error confundir la extrema derecha que nació en Europa en los años de entreguerras con sus legatarios actuales, porque para alcanzar la consolidación e institucionalización de la que gozan hoy en día gracias al voto de millones de electores europeos, la extrema derecha se ha visto obligada a transfigurar —o, cuanto menos, diluir— sus principios políticos más intransigentes y antidemocráticos, lo que les ha permitido escapar de la marginalidad en la que se encontraban tan solo hace veinte años y formar parte de más de setenta gobiernos desde entonces. Como señala el historiador Enzo Traverso, «el fascismo del siglo XXI no tendrá la faz de Mussolini, Hitler o Franco ni la del terror totalitario, pero sería falso deducir de ello que nuestras democracias no están en peligro».

¿Cómo han conseguido llegar al epicentro del ecosistema político europeo? En una primera fase, desde los años noventa del siglo pasado, a través de coaliciones con partidos conservadores, tras una serie de renuncias programáticas que les permitieron obtener respetabilidad institucional. Pero ya a partir del siglo XXI consiguieron acceder a la gobernabilidad incluso en solitario. Y, aunque no fuera así, lograron condicionar tanto la agenda como el debate social y político de los estados y de la propia Unión Europea, fidelizando a una parte de la ciudadanía que asume sus propuestas, muchas de ellas caracterizadas por serios déficits en derechos humanos. Los votantes de la extrema derecha, en líneas generales, ya no confían en los partidos políticos tradicionales —o incluso en el propio sistema democrático— y se consideran víctimas de un mundo que avanza de una manera cada vez más turbulenta e imprevisible, que cambia vertiginosamente y que arrasa a su paso sus modos de vida tradicionales, lo que les genera una frustración, ira y malestar que el populismo extremista ha sabido rentabilizar electoralmente, sobre todo después de la crisis financiera y económica de 2008, tratando de buscar resquicios en el sistema democrático que les permitiera avanzar en sus posiciones desde soportes y altavoces distintos, a veces contradictorios pero coherentes en su común deserción de las formas liberales de democracia, haciendo uso de una retórica hiperbólica de tonos tremendistas que alarma sobre un peligro siempre inminente que solo ellos pueden resolver. Un mensaje simple, maniqueo y alarmista que encaja a la perfección en un panorama político y mediático caracterizado por la polarización y la segmentación de públicos, fenómenos ambos alimentados por unas redes sociales que actúan como cámaras de eco, al propagar siempre el mismo tipo de mensajes, y que estrechan el marco cognitivo y empobrecen la riqueza experiencial de sus usuarios más adeptos y adictos.

Es innegable, pues, que la extrema derecha ha consolidado un espacio electoral propio que también se manifiesta en otros niveles, además de los representativos, como los mediáticos. La solidez de esta presencia les sitúa como el actor político más relevante y con mayor proyección a medio plazo del espectro ideológico actual. Hablamos de un nuevo escenario similar al de la Guerra Fría, pero que no enfrenta a dos

modelos socioeconómicos divididos territorial-
mente, sino que contrapone dentro de un mismo estado dos modelos de vida y de sistemas de
gobierno completamente antagónicos, entre los
que no cabe mediación ni transacción alguna, y
que divide a los ciudadanos en buenos y malos
patriotas. Dos modelos que, a grandes trazos,
confrontan el pluralismo y la tolerancia democrática al autoritarismo y el rechazo al diferente
siguiendo un modelo que aboga por el retroceso
a la vez nacional (frente a las instituciones supranacionales como la UE), cultural, religioso e
incluso étnico (frente al inmigrante que viste,
vive o reza a un dios diferente). Con la llegada
de esta nueva extrema derecha ha vuelto, además, un esencialismo que parecía arrumbado
en una escena internacional que apostaba por
un procedimentalismo garantista que organi-
zara las diferencias sociales y canalizara pací-
ficamente el inevitable conflicto social, ambos
ingredientes fundamentales de la modernidad.

Este libro nace, pues, de la urgencia por comprender el nuevo tablero de juego político en el que nos movemos y trata de explicar cómo el ascenso de las extremas derechas está desafiando los principios fundamentales de las democracias europeas y sus posibles correlatos mundiales, sobre todo ahora que Donald Trump ha vuelto a la Casa Blanca[1].

1. UN FANTASMA QUE NUNCA SE MARCHÓ

La sombra de la extrema derecha que acecha al mundo nos puede parecer un *déjà vu*. La

---

[1]   A lo largo de este libro se utilizará el sintagma «extrema derecha» como un término genérico de valor eminentemente heurístico que abarca todas las variaciones y disparidades nacionales de un conjunto de fuerzas heterogéneas que mantienen, sin embargo, rasgos lo suficientemente comunes como para englobarlos dentro de un mismo concepto, pero sin ninguna intención denotativa.

política de extrema derecha parece que ha regresado, de manera lenta y progresiva, mucho después de la Segunda Guerra Mundial. Pero en realidad nunca se fue. Para comprender la verdadera magnitud de la gesta conseguida en el último cuarto de siglo por este conglomerado de partidos, debemos prestar especial atención a la situación, casi irrisoria, de la que partían. En realidad, sus raíces son profundas y eran perfectamente visibles ya desde los mismos inicios de la modernidad: su presencia en las democracias europeas no es ahora —ni ha sido antes— episódica ni coyuntural.

Su creciente éxito hodierno no presagia el avance de las botas militares ni un regreso al fascismo de los años treinta. Los partidos fascistas de los años de entreguerras surgieron en una época de feroz conflicto de clases y de confrontación violenta entre el capital y los trabajadores, alentados por la entonces reciente Revolución Soviética de 1917, que se proponía como un modelo alternativo —y viable— al capitalismo. En cambio, la actual extrema derecha se ha nutrido de condiciones sociales casi opuestas: el comunismo llamado *real* ha desaparecido y aquellos países —como China— que todavía mantienen la etiqueta nominal han abrazado un capitalismo globalista sin ambages ni rubor alguno. Conviene no olvidar, además, que en los años 30 la palabra «democracia» era un término desprestigiado. Los demócratas convencidos eran una minoría exigua y casi perseguida. Ahora, en cambio, sucede todo lo contrario: la democracia es un régimen político tan valorado que ningún dirigente osa proclamarse abiertamente antidemócrata, aunque pongan en práctica políticas que en realidad la limiten, erosionen o deterioren. El historiador Mark Mazower —en su libro *La Europa negra*— rememora la debilidad de aquellas incipientes democracias europeas de entreguerras, nacidas del colapso de cuatro grandes imperios: eran frágiles, multipartidistas porque aplicaban sistemas electorales demasiado proporcionales y, por tanto, muy lentas en la toma de decisiones. Y por eso mismo eran criticadas por todos aquellos que propugnaban un modelo diferente en la toma de decisiones, autoritario y jerárquico, directamente inspirado en el que imperaba en los campos de batalla de la Gran Guerra. Pero hay que entender que aquellas democracias, que aplicaban el sufragio universal por primera vez en muchos casos, eran todavía experimentos probatorios rodeados de poderosos enemigos a uno y otro extremo del espectro ideológico, fascistas tanto como comunistas, que las combatían sin cuartel. Esa es la principal diferencia con la actualidad: las nuestras no son aquellas democracias débiles, ni tampoco nuestros organismos supranacionales —la Unión Europea, la Organización de Naciones Unidas, pero también el Fondo Monetario Internacional o el Banco Mundial—se parecen a la poco eficaz Sociedad de Naciones que trató, infructuosamente, de evitar otro conflicto de similares características al de la conflagración desatada en 1914.

Tras el final de la Segunda Guerra Mundial y la larga «travesía por el desierto» que duró hasta finales de los ochenta, una renovada extrema derecha inició lo que Piero Ignazi denominó «contrarrevolución silenciosa». En términos estrictamente electorales, en aquellas décadas las formaciones de extrema derecha no superaban el 4% del total de los votos europeos. Entre 2007 y 2010 llegaron al 8% y siguieron subiendo con la crisis migratoria de 2015. Sin embargo, desde la segunda década del siglo XXI, han dado un espectacular salto adelante para situarse en el interior del escenario político europeo, con un 18% de media de votos en 2024 y el 28% de apoyos en el Parlamento Europeo, contando en total con más de doscientos eurodiputados procedentes de 23 de los 27 estados miembros. Para entender con mayor claridad la magnitud del desafío solo hay que pensar que, si en lugar de estar divididos en tres grupos parlamentarios diferentes, se unieran en uno, serían la segunda fuerza política del Parlamento Europeo, sólo por detrás de los populares europeos y por encima de socialdemócratas, liberales o verdes.

Fue el politólogo alemán Klaus Von Beyme quien, en 1988, identificó por primera vez las tres oleadas políticas de extrema derecha en la Europa de posguerra, cada una de ellas ligeramente mayor y más amenazadora que su predecesora. Y cada uno de estos embates añadía ligeros cambios discursivos y nuevas estrategias de modernización con las que perseguían su plena normalización social y política, aunque en algunos casos no ocultaran sus vínculos con anteriores regímenes totalitarios, como fue el caso del MSI italiano.

En la primera fase, que abarcó desde finales de los años cuarenta hasta los ochenta, estas formaciones ocupaban posiciones muy marginales dentro del sistema político de cada país. Para el resto de partidos políticos, además, no resultaban socios aceptables a la hora de establecer pactos o coaliciones de gobierno. Durante la segunda oleada, ya a partir de los noventa, surgieron más partidos ultraderechistas que aumentaron significativamente su apoyo electoral, hasta el punto de que la negativa a considerarlos actores partidos relevantes para las formaciones conservadores se matizó notablemente. No resulta baladí señalar que ese aumento en el número de votantes a formaciones que se presentaban como alternativas al bipartidismo imperante en Europa desde la década de los 50 se produjo cuando los efectos sociales y económicos de la crisis de los años setenta —con el encarecimiento del petróleo en 1973 como detonante— no se consiguieron revertir en los años posteriores, ni siquiera por unos partidos socialdemócratas que, con el llamado Consenso de Washington, abrazaron los postulados neoliberales como *único* modelo de gobernanza económica posible.

El tercer impulso electoral de la extrema derecha se extendió desde la crisis de 2008 hasta su primer éxito electoral en las elecciones europeas de 2014, cuando duplicaron el porcentaje de apoyos electorales, llegando hasta el 16%. La deficiente respuesta de las fuerzas políticas europeas tradicionales —conservadores, liberales y socialdemócratas— a la gran crisis financiera y económica despejó el camino a un nuevo orden político, un *zeitgeist* populista —en palabras del politólogo Cas Mudde[2]— en el que todavía seguimos instalados y en el que la extrema derecha se ha asentado e institucionalizado en prácticamente todas las democracias europeas. Hablamos de un momento especialmente dulce para estas formaciones, lo que les está permitiendo no solo acceder al poder, en solitario o en

---

[2]   Mudde, C (2021). *La ultraderecha hoy.* Paidós.

coaliciones de gobierno, sino también y sobre todo marcar la agenda política y mediática en la conversación política comunitaria. La X legislatura del Parlamento Europeo —la actual— es fiel reflejo de esta nueva era política: en Francia, Italia, Hungría, Austria, Bélgica y Eslovenia fueron la fuerza más votada, aunque ya en 2014 el actual *Rassemblement Nacional* (RN) de Marine Le Pen logró imponerse en unas elecciones en las que cada país actúa como circunscripción única, lo que facilita el impacto electoral de estos partidos incluso cuando en sus respectivos países siguieran manteniéndose en la tangente del sistema político nacional.

Este nuevo escenario político que habitamos difiere, y mucho, del inmediatamente posterior a la derrota militar del fascismo, cuando la extrema derecha sobrevivió de manera minoritaria e incluso estigmatizada, ya que operaban en un clima político jurídico y político hostil. La mayoría de formaciones políticas que perduraron en esta primera década no solían presentarse a unas elecciones que consagraban un sistema democrático del que descreían y, en caso de que se atrevieran, quedaban irremisiblemente condenadas a la irrelevancia política. Un discurso profundamente antidemocrático, de rasgos autoritarios y remembranzas fascistas, además de unos liderazgos todavía vinculados a los regímenes derrotados, los condenaban a la marginalidad, incluso a la ilegalización en algunos casos. Ejemplos de aquellos primeros esfuerzos por mantener vivo el legado fascista y nacionalsocialista fueron el Partido Socialista del Reich (1952) o el Partido Nacional Alemán Partido Demócrata (NPD), fundado en 1964 por antiguos funcionarios nazis y que ya se manifestaba abiertamente en contra de la inmigración de origen no europeo. Sin embargo, el partido pionero se formó en Italia, laboratorio del primer fascismo, con el Movimiento Social Italiano fundado ya en 1946 por el ex jefe de gabinete de Mussolini. Sorprendentemente, logró representación en el Parlamento italiano tan pronto como en 1948, reconvirtiéndose en Alianza Nacional en 1995, antecedente del partido *Fratelli d'Italia* de la actual primera ministra Georgia Meloni.

Desde mediados de la década de los cincuenta y hasta los ochenta, los primeros malestares contra las condiciones de postguerra —sobre todo la marginación de las periferias rurales— y la lenta demolición del Estado de Bienestar nacido de los escombros de la Segunda Guerra Mundial, instigada por los gobiernos de Thatcher y Reagan, propiciaron el caldo de cultivo ideal para que una nueva amalgama de fuerzas de extrema derecha tomara el relevo de sus fallidos predecesores. Por un lado, apareció la Acción Nacional para el Pueblo y la Nación en Suiza (1961). El Partido del Progreso danés, fundado en 1972, logró un nada desdeñable 15,9% en su primera participación electoral con un programa contra de los impuestos elevados y los gobiernos excesivamente intervencionistas en la vida pública y privada de la ciudadanía: en las elecciones legislativas danesas de 1973 obtuvieron 28 de los 179 escaños al *Folketing*. Pero, aunque fueron la segunda fuerza más votada, ningún partido se mostró dispuesto a pactar con ellos. Por su parte, el Partido Nacional Británico (BNP), nacido tardíamente en 1982, nunca consiguió intimidar al *establishment* británico, como sí logró hacer más tarde Nikel Farage con su UKIP, jugando un papel determinante en el *Brexit*.

Al mismo tiempo, nacieron partidos y movimientos como el de los Agricultores en los Países Bajos o el *poujadisme* francés —escuela política en la que se formó y forjó Jean Marie Le Pen, primer líder del *Front National* (FN)— que se transformó en un movimiento de masas y en un partido, la Unión y Fraternidad Francesa, que gracias a las habilidades de su líder —Pierre

Poujade—logró nada menos que 52 escaños en las elecciones francesas de 1956. Aunque este movimiento incluía diversos elementos que recordaban al periclitado fascismo, como su predilección por un liderazgo carismático poco o nada sometido al control parlamentario, nunca se posicionó como una fuerza abiertamente antidemocrática.

Pero no será hasta finales de siglo XX —la tercera ola, según Von Beyme— cuando la extrema derecha ganó protagonismo y presencia en otros parlamentos nacionales de Europa occidental en los que los sistemas electorales eran altamente proporcionales. Se alimentaron del aumento de la inmigración y el paro elevado —aspectos que correlacionaron causalmente en sus programas— y consiguieron incluso tejer alianzas electorales. El Bloque Flamenco Belga (VB) entró en el parlamento con un único diputado en 1978, en coalición con el Partido de Centro neerlandés, mientras que el *Front Na-*

tional (FN) francés logró 35 escaños en 1986, además con una ley electoral que —a diferencia de la del Parlamento Europeo— les penalizaba. Son también los primeros años de vida del Partido de la Libertad de Austria (FPÖ) y del Partido Popular Suizo, que incorporaron líderes carismáticos como Jörg Haider. La caída del Muro de Berlín auspició el nacimiento de partidos de extrema derecha en antiguos países comunistas como Eslovaquia, Rumania y Croacia. Aunque por aquel entonces la volatilidad electoral y organizativa todavía era notable —con diversos partidos que emergían y desaparecían velozmente—, desde los noventa las principales formaciones de extrema derecha se asentaron en los sistemas políticos nacionales, aunque con diferencias ideológicas, tácticas y estratégicas que les incapacitaban para organizarse transnacionalmente. Cabe destacar la relevancia internacional que por entonces obtuvo el triunfo del FN francés en las elecciones europeas de 1984, que despertaría un efecto contagio en el resto de las formaciones de la misma familia extremista. Jean-Marine Le Pen, además, lideraría el primer grupo de extrema derecha conformado en el Parlamento europeo, el Grupo de Derechas Europeas (DR). Pero la escasa experiencia en la *realpolitik*, que siempre obliga a cesiones para lograr consensos, impidió que, a diferencia de lo que sucede ahora, ese nuevo grupo político ejerciera una influencia efectiva en las políticas desarrolladas por el Parlamento y la Comisión Europea. En las últimas dos décadas del siglo XX, además, casi todos los partidos de extrema derecha fueron excluidos de las coaliciones de gobierno, tanto a nivel nacional como supranacional.

Será ya con el cambio de milenio cuando la extrema derecha estará presente políticamente en prácticamente toda Europa —a excepción, entonces, de España y Portugal, países cuyo pasado dictatorial era aún demasiado reciente.

En el caso español, un referente y valedor de la dictadura franquista como Blas Piñar tan solo logró un único diputado en el Congreso, bajo las siglas de Fuerza Nueva, apenas cuatro años después de la muerte de Francisco Franco. Esta renovada y cada vez más pujante extrema derecha combinaba un acendrado nativismo, no disimulaba su querencia por el autoritarismo y defendía un manifiesto racismo hacia los inmigrantes y su explícita repulsa de cualesquiera otros movimientos representantes de minorías hasta entonces socialmente desdeñadas y que empezaban a organizarse políticamente (como feministas y movimientos LGTBI+). Además, no dudaron en ningún momento en abrazar el postulado populista por excelencia: aquel que les enfrentaba a las élites nacionales y europeas y, a cambio, los situaba a ellos como la *auténtica* voz del pueblo. En el año 2000, veinticuatro partidos de extrema derecha poblaban el ecosistema político europeo. Desorganizados internacionalmente, algunos de ellos aún sufrían la afrenta de ser fuerzas violentas por su abierta connivencia con crepúsculos y subculturas neonazis o por no esconder sus vínculos con los regímenes tradicionales fascistas, tanto en símbolos y proclamas como en estrategias. Una filiación ideológica abiertamente retrógrada en la que la agresión física al adversario político era ingrediente todavía fundamental.

Pero, aunque en las dos últimas décadas del siglo XX parecían estar excluidos de la gobernabilidad efectiva —tanto en sus países como en la Unión Europea—, la llegada del nuevo siglo les permitió salir de la marginalidad ejecutiva que arrastraban desde 1945. Fue entonces cuando pudieron llegar hasta el centro del sistema y capitalizar los numerosos y diferentes malestares generados por la implantación sin cortapisas de la gobernanza neoliberal, que tuvo su efecto más devastador en la crisis de 2008, sin desdeñar otros impactos sociales —y emocionales—

como los actos terroristas del 11-S en 2001, las diferentes matanzas yihadistas —principalmente en Francia— o la crisis de refugiados de 2015. Emergió así un nuevo clima social que favorecía la oferta política presentada por la pléyade de formaciones de extrema derecha a la que, no en balde, actualmente votan alrededor del 28% de europeos. Es decir, un 12% más que diez años antes. Todo ello ayuda a explicarse que la extrema derecha haya entrado en gobiernos de diversas formas: el *Fidesz* en Hungría o el *PiS* en Polonia en solitario, mientras otras formaciones lo hacen como socios de gobierno, como el FPÖ austríaco o la *Lega Nord* en Italia. Una tercera alternativa es ofrecer apoyo parlamentario a gobiernos conservadores en minoría, como hizo el Partido Popular Danés (DF) entre 2011 y 2016, el Partido por la Libertad (PVV) en Holanda entre 2010-2012 o Vox, en España, entre 2018 y 2024.

Una vez abierta la puerta de la gobernabilidad por los partidos de la derecha conservadora tradicional, la mayoría de las formaciones de extrema derecha demostraron ser capaces de hacer concesiones políticas sin apenas necesidad de moderarse ideológicamente. Bien al contrario, han conseguido extremar el discurso de conservadores —e incluso socialdemócratas— en cuestiones como la inmigración. Su crecimiento no es lineal, pero en la actualidad es imposible imaginar un techo a sus aspiraciones, lo que no solo afecta a la estabilidad del modelo democrático que hemos convenido en llamar liberal, sino incluso a su supervivencia. Viktor Orbán, líder plenipotenciario del *Fidesz* húngaro, bautizó como democracia «iliberal» ese nuevo modelo que apuesta por limitar, si no erradicar, las limitaciones legislativas, judiciales y mediáticas al poder ejecutivo, santo y seña de las democracias entendidas como liberales

A todo este contexto social y económico que hemos descrito sucintamente, y que ha permitido el crecimiento imparable de estas nuevas expresiones políticas de derecha extrema, hay que sumar necesariamente otro gran cambio —este de carácter tecnológico— que ha favorecido la proliferación y difusión de sus discursos: el surgimiento y dominio de internet y de su principal derivada comunicativa —las redes sociales— ha reconfigurado por completo el sistema de información imperante desde los años sesenta. Un biotopo informativo en el que la comunicación se ejercía de manera mediada y vertical a través de la prensa escrita, la radiofónica y la televisiva, controlada por los respectivos Estados o por grandes corporaciones. No se podría comprender cabalmente el éxito de la extrema derecha de las dos últimas décadas sin atender a la rotura efectuada en los tradicionales sistemas de distribución de la información. Nacidas a principios del siglo XXI —Facebook lo hace en 2004— las nuevas redes sociales permitieron a estas formaciones sortear la marginalidad comunicativa a la que les sometían los grandes conglomerados emisores de información escrita, radiada o televisada. De hecho, lo aprovecharon hasta tal punto, y dominaron tan pronto todas sus potencialidades, que en la actualidad son precisamente las que más seguidores tienen en estos nuevos canales de comunicación caracterizados, sumariamente, por la horizontalidad comunicativa, el anonimato y la dilución entre opinión y evidencia, creando auténticas cámaras de eco en las que los usuarios *solo* ven, escuchan y leen aquello que refuerza sus posiciones ideológicas. Siempre ha existido un sesgo cognitivo —que llevaba a un ciudadano a comprar una cabecera de periódico y no otra, por ejemplo— pero nunca hasta ahora se había incrementado de manera tan exponencial, lo que les permite actuar *de facto* como un motor de desinformación mundial extremadamente difícil de combatir.

Es difícil imaginar a Trump sin X, a Bolsonaro sin YouTube o a millones de votantes perdiendo la confianza en los hechos verificados a una escala tan alarmante sin estas nuevas plataformas de comunicación que, muchas veces, suplantan a los medios tradicionales como fuentes de información.

En un Informe, ya de 2009, el Centro *Simon Wiesenthal (*Fundación judía contra el racismo y el antisemitismo) estimaba que al menos unas 10.000 webs promueven el odio a nivel internacional. Se estima que hay 5.170 millones de usuarios mensuales activos en medios sociales. No se puede obviar ni olvidar que las redes sociales han desempeñado —y siguen desempeñando— un papel central en el ascenso de las extremas derechas, entre otras cosas por la crisis de legitimidad que sufren los medios de comunicación —así como otras instancias de saber, incluida la ciencia— tradicionales. Algo que viene de lejos y que algunos especialistas vinculan con el posmodernismo y el *pensiero debole* con el que algunos filósofos —Lyotard, Derrida o Vattimo, entre otros— caracterizaban a la sociedad de final de siglo. Pero en aquel entonces no existían redes sociales. La progresiva conversión de las redes en fuentes de información ha sido aprovechada por los partidos de extrema derecha para ofrecer su propia versión de los hechos, a veces, «alternativos». Por poner solo un ejemplo, el 67% de los votantes de la extrema derecha alemana en 2024, *Alternative für Deutschland* (AfD), tiene «nada» o «poca» confianza en los medios y periódicos tradicionales. Por contraste, un 18% confía en la información que reciben a través de las redes sociales «bastante» o «mucho», de acuerdo con la encuesta anual del Instituto Reuters.

La irrupción y proliferación de las redes sociales ha cambiado totalmente las reglas de juego de la democracia liberal, unas normas que se habían revelado útiles hasta el cambio de milenio. Hablamos de nuevos medios de comunicación para una nueva época, como en su momento fueron la radio para Mussolini y Hitler o la televisión para el franquismo. Pero lo más preocupante es que lo que en realidad están poniendo en jaque no es la democracia actual, sino sobre todo su futuro: el mayor número —con diferencia— de usuarios que confían en las redes sociales como fuente fiable de información son los jóvenes. En primer lugar, porque se trata de nativos digitales, acostumbrados desde la infancia al manejo de aplicaciones y de todo tipo de redes y canales de comunicación digital, que tienen al alcance de su mano en *smartphones* que guardan en los bolsillos. Pero en segundo, y más importante lugar, porque para la nueva extrema derecha la juventud constituye el *target* ideal al que orienta la mayoría de sus mensajes. Principalmente, porque son el sector de la población más precario, económica, social y psicológicamente.

2. (ALGUNAS) CAUSAS DEL MALESTAR

Este pequeño esbozo histórico de la progresión electoral e institucional de los partidos de extrema derecha europea confirma que no se trata de un fenómeno puntual en el tiempo ni aislado en un país, sino que responde a problemas estructurales relacionados con la economía y diversos malestares sociales que se originaron a finales de la década de los setenta y se agudizaron todavía más en un mundo que dejó de ser bipolar con la implosión de la URSS y la asunción del capitalismo como única alternativa posible: *There is no alternative*, decía Margaret Thatcher. Todo ello comportó una paulatina desaparición de antiguos *cleavages* ideológicos izquierda-derecha y, frente al dominio de estructuras supranacionales como la UE o el FMI —guardianes de la ortodoxia neoliberal— y el aumento de la inmigración en países que hasta entonces no habían sido receptores significativos (como es el caso de España), propició el resurgimiento de identidades nacionales, étnicas y religiosas que se creyeron amenazadas por un nuevo orden de cosas que nunca los tuvo en cuenta. O así, al menos, lo están percibiendo los ciudadanos y ciudadanos de cada país, que creen que sus vidas dependen cada vez más de decisiones que se toman sin contar con ellos. Ya se sabe que, en política, la percepción de la realidad cuenta tanto, o más, que la realidad verificable.

Nos encontramos, pues, en una nueva era en la que se superponen distintos conflictos económicos y geopolíticos: la reorganización del sistema productivo a escala mundial, la hegemonía de la agenda política neoliberal y la crisis de modelo de la izquierda clásica (socialdemócrata, comunista o anarquista), incapaz de responder a la creciente desazón económica y social de la clase trabajadora europea. Como afirmó el sociólogo alemán Ulrich Beck «el trabajo remunerado se está volviendo precario; los fundamentos del Estado de bienestar se derriban; [...] la pobreza de los ancianos es algo programado de antemano; y con las arcas vacías, las autoridades locales no pueden asumir la creciente demanda de protección social»[3].

El *tácito* pacto social en el que se basó el modelo occidental de democracia liberal debía proporcionar empleo, estabilidad y servicios públicos de calidad. Y, si bien tuvo un gran éxito en las décadas posteriores a la Segunda Guerra Mundial —los llamados *Trente Glorieuses*—, desde 1980 la otrora feliz conjunción entre democracia y capitalismo ha mostrado notables carencias. La implantación de un modelo neoliberal como única forma posible de organizar las transacciones propias de la vida en común se tradujo en una paulatina *expertisation* de las

---

3   Beck, U. (2012) "La política económica de la inseguridad". *El País*. 27 de abril de 2012. Disponible en http://elpais.com/elpais/2012/04/27/opinion/1335552968_819732.html

prácticas de gobierno, en las que ya no se distinguían las políticas económicas promovidas por socialdemócratas, conservadores o liberales. Preguntada por cuál había sido su mayor logro político, Margaret Thatcher no dudó ni un momento en afirmar: «Tony Blair y el nuevo laborismo».

En la década de los noventa y principios de los 2000, la ilusión de que el neoliberalismo permitía una prosperidad sostenida y generalizada se mantuvo hasta que la crisis —primero financiera y luego económica, con posteriores consecuencias sociales y políticas— demostró que aquella supuesta riqueza generalizada tenía, en realidad, pies de barro crediticios. Sin embargo, la respuesta a una crisis mundial provocada por la desregulación financiera defendida a ultranza por el credo neoliberal supuso, en realidad, obligar a una población ya muy diezmada a ingerir más aceite de ricino neoliberal: en Europa, bajo el impulso alemán (principal prestatario europeo), se impuso una drástica reducción de deuda pública, lo que implicaba rigurosos recortes en el estado de bienestar. Primero, como en el *crack* del 29, llegó el paro masivo, aunque poco a poco volvió el empleo, pero en unas condiciones muy diferentes a las anteriores. Porque ahora hablamos, sobre todo, de empleos precarios: un estudio de la Red Europea de Lucha contra la Pobreza y la Exclusión Social[4] precisa que los empleados son el grupo más numeroso entre la población pobre, por encima de parados, jubilados y otros inactivos. Según este mismo análisis, en 2023 casi 2,5 millones de ciudadanos eran pobres pese a tener un empleo. Añádase a esto otros factores económicos contextuales, especialmente el ominoso encarecimiento de los precios de la vivienda, la creciente inflación de-

---

[4]   European Anti-Poverty Network (EAPN). *XIV Informe sobre el Estado de la Pobreza. Seguimiento de los indicadores de la Agenda UE 2030. Publicaciones EAPN*

rivada de la guerra de Ucrania o el exponencial aumento de la desigualdad económica, y se entenderá mejor la profunda desafección política de unas clases medias que han visto muy mermado no solo su poder adquisitivo, sino también las posibilidades de mejorar sus condiciones de vida y la de sus hijos e hijas. El ascensor social, de pronto, dejó de funcionar.

Ese desapego por unas ideologías liberales, conservadoras o socialdemócratas —nacidas, no lo olvidemos, en el siglo XIX— y por unos partidos que son percibidos como organismos ajenos a los problemas de la dura vida cotidiana de los ciudadanos, ha acabado beneficiando a la tercera variable de la ecuación, la extrema derecha. Una opción ideológica que no participó en el laborioso proceso de reconstrucción económica y reordenamiento democrático de un continente que acabó devastado y desolado precisamente por sus políticas autoritarias, genocidas e imperialistas. También se mantuvieron convenientemente agazapados cuando el edificio del bienestar colectivo empezó a mostrar sus primeras grietas, allá por los años setenta. Ni tampoco fueron los causantes directos de la crisis de 2008, aunque prácticamente todas las formaciones de extrema derecha abracen entusiastamente los principios neoliberales, pero al mismo tiempo —en una de sus tantas paradojas— defiendan postulados proteccionistas para salvaguardar el tejido productivo de sus respectivos países: ahí tenemos el caso de Trump y su guerra arancelaria.

Por eso, ahora, se han convertido en la única alternativa que queda en pie para numerosos votantes descreídos de los discursos y las prácticas de los partidos tradicionales. Se ha constatado, cuantificado y evidenciado cómo en Francia, por ejemplo, el voto obrero que se dirigía al Partido Socialista o al Comunista ha acabado en manos del partido liderado por el clan Le Pen: *Rassemblement National* ha sido la fuerza más votada en las elecciones europeas desde 2014. Y, en julio de 2024, alcanzó su cénit electoral con más de 11 millones de votos en el 96% de los departamentos de Francia en la primera vuelta de las elecciones legislativas francesas, que son las que les resultan en principio más desfavorables por las especiales características del sistema electoral francés.

Por otra parte, especialmente significativa fue la victoria, en septiembre de 2024, de AfD en el *Länder* de Turingia, con más del 32% de los votos, y en el de Sajonia con el 30%. Por primera vez tras la Segunda Guerra Mundial, uno de los partidos de extrema derecha más reacios a condenar el nazismo de toda Europa —de hecho, utiliza consignas del III Reich en mítines y ha sido condenado por ello— superó al resto de formaciones políticas con un programa que proponía la deportación de migrantes y se alineaba ideológica y militarmente con el régimen autoritario de Vladimir Putin. El impacto electoral de la extrema derecha alemana en los *länders* de la antigua República Democrática Alemana —la comunista— es, quizás, el indicio más representativo de la fallida promesa de que el feliz matrimonio entre capitalismo y democracia iba a traer a aquellas regiones una prosperidad económica generalizada después de que cuarenta años de comunismo solo repartiera estrecheces y escasez.

Evidentemente, hay muchas otras causas del malestar generalizado cuyos réditos electorales capitaliza la extrema derecha, difícilmente abordables en el espacio de estas escasas páginas. Hay razones que solo se explican por cuestiones estrictamente nacionales: el FN nació en 1972 como una coalición de diferentes grupúsculos de extrema derecha con ideas muy dispares, precisamente después del trauma que generó la descolonización y, en concreto, la independencia de Argelia. En España, Vox, un partido nacido en 2013 solo fue relevante después de que en octubre de 2017 los independentistas catalanes desafiaran al estado español con un referéndum de autodeterminación. Aquellos países pioneros en la recepción de inmigrantes —sobre todo con otro color de piel, otras costumbres y otra religión— fueron también los primeros en donde germinaron partidos de extrema derecha, como es el caso de los países nórdicos. El FPÖ austríaco o el Bloque Flamenco Belga (BV) nacieron como consecuencia de características privativas de ambos países: la pérdida de un imperio —como el Austrohúngaro— o la división lingüística y cultural belga. Pero tampoco conviene dejar de lado los vertiginosos cambios sociales que se han producido en las dos últimas décadas y que han sumido a grandes masas de población, de profundas creencias conservadoras, en el desconcierto y la desorientación. Especialmente, todas aquellas políticas que reivindicaban la igualdad *efectiva* de colectivos hasta entonces marginados económica, social y políticamente: las mujeres —

el feminismo— y los homosexuales, las lesbianas, las personas trans y tantos otros colectivos que se sitúan voluntariamente al margen de la normatividad dual de género pautada hasta ahora.

Ante este estado de postración económica y turbación cultural, la extrema derecha fue la primera en ofrecer una respuesta clara y sencilla: un regreso a un pasado supuestamente idílico, una *retrotopía* —en acertado neologismo de Zygmunt Bauman — que preservaba la autoridad de una sola voz carismática frente a la cacofonía que genera necesariamente la pluralidad democrática y que reivindicaba el propio sustrato cultural y religioso, ahora amenazado por la llegada masiva de inmigrantes ajenos a las supuestas esencias cristianas de Europa. Autoritarismo y xenofobia, en definitiva. Un repliegue identitario, nacionalista y proteccionista que ofrece, sobre todo, refugio en tiempos de incertidumbre. Los programas electorales de la extrema derecha Europa triunfan porque comparten recetas tan simples como tajantes, siempre exentas de matices: contra el diferente, la persecución y expulsión del inmigrante (del inmigrante pobre, cabría matizar, porque se trata sobre todo de aporofobia: son los nuevos *untermenschen*, los *minus habens* de la modernidad tardía, los que no tienen derecho a tener derechos; el perfecto chivo expiatorio de todos los males que afligen a una patria en decadencia). Contra la multiculturalidad, uniformidad y homogeneización. Contra la inseguridad económica y cultural, autoridad y proteccionismo. Contra el mundo global y desenraizado, la patria como único cobijo frente a un entorno hostil. Contra los que piensan de otra manera, el odio y la descalificación sin matices. Son antipatriotas. Son traidores. Son el enemigo interior. Con los que no cabe debatir, a los que solo se puede combatir.

Frente la ansiedad, la incertidumbre o la desconfianza que provoca un mundo que avanza a velocidad de vértigo, las personas buscan compulsivamente certeza, «emprenden la desesperada búsqueda de «soluciones» capaces de eliminar la conciencia de la duda y todo aquello que prometa asumir la responsabilidad de la certeza es bienvenido». Son palabras «memorables» —según Bauman— que escribió Erich Fromm en 1941, en plena Segunda Guerra Mundial, en *El miedo a la libertad*. Y precisamente la de la «libertad» es una de las consignas más enarboladas por las extremas derechas europeas, en sus eslóganes tanto como en el nombre que dan a sus propios partidos. Kant entendió la libertad como un postulado de la razón práctica: algo que debo suponer necesariamente pero que no puedo demostrar teóricamente. Pero aquello, claro, era en el siglo XVIII. Quizás ahora «libertad» sea más bien lo que Ernesto Laclau denominó un «significante vacío», ese al que no le corresponde ningún significado específico y al que, por tanto, le pueden pertenecer todos, siempre a conveniencia del interesado en explotarlo políticamente. Para la extrema derecha, la libertad que dicen defender es un señuelo y la certeza que ofrecen solo un espejismo. Pero, yuxtapuestos, les están proporcionando pingües beneficios electorales.

3. EL (LARGO) VIAJE DE LOS MÁRGENES AL CENTRO

Los partidos de extrema derecha que han conquistado posiciones de poder en el último cuarto de siglo en Europa son aquellos que han dejado en segundo plano, pero no abandonado definitivamente, las declaraciones revisionistas de sus antecedentes de entreguerras en favor de programas alineados —teóricamente— con la democracia imperante. Los nuevos extremistas ofrecen soluciones concretas y expeditivas a todos los problemas que afligen a la «nación» en términos siempre maniqueos y se esfuerzan denodadamente en socializar valores ultraderechistas para consolidarse como partidos ampliando su base electoral.

Para ello se sirven de armas ideológicas cuyo propósito es modernizar sus presupuestos ideológicos, a veces haciendo gala de un falso neutralismo tecnocrático que busca el voto de los antiguos feligreses de los partidos de izquierda, que se sienten abandonados e inermes antes los desafíos y las transformaciones demasiado vertiginosas de una sociedad que los empobrece a marchas forzadas. Con esa asepsia tecnicista —que pretende superar las consideradas viejas y caducas proclamas de la izquierda e incluso de la derecha tradicional—, la nueva extrema derecha se esfuerza sobre todo en subrayar su separación y diferenciación deliberada de estas fuerzas convencionales, poniendo en cuestión —por ejemplo— consensos ampliamente aceptados desde el fin de la Segunda Guerra Mundial en materia de derechos humanos o abrazando sin tapujos un discurso políticamente incorrecto, que no rehúye —sino fomenta— la provocación, el desafío y la polémica. Un lenguaje lleno de expresiones gruesas, exageradas y a veces hasta estrambóticas, que intenta poner en evidencia la —supuesta— situación de extremo deterioro material y moral en que se encuentra el país. El de la extrema derecha europea es un relato siempre alarmista, tremendista y catastrofista que remarca la gravedad de una situación política, social y económica que solo ellos —y no los viejos partidos tradicionales— son capaces de revertir.

El objetivo es conseguir la confianza electoral de la ciudadanía, demostrándole la utilidad de su voto, que esta vez *sí* que va a cambiar las cosas. Pero no se trata únicamente de conseguir victorias electorales o de acceder al poder: la extrema derecha europea persigue la permeabilización gradual de sus creencias y valores, el proceso denominado en Francia —país precursor en el nacimiento y consolidación de la extrema derecha europea—«lepenizacion de los espíritus». La nueva extrema derecha europea no ha dudado siquiera en apropiarse de conceptos creados por intelectuales situados en sus antípodas ideológicas, como el de «hegemonía cultural», que Antonio Gramsci desarrolló durante su estancia en las cárceles fascistas para explicarse la derrota del socialismo de posguerra. Esa idea está en la base de la *Kulturkrieg* o «guerra cultural» con la que, desde la posguerra, han intentado resituar el marco mental de las sociedades occidentales —lo que podríamos denominar simplemente «sentido común» o creencias compartidas— postulando un nuevo ideario extremista que erosiona paulatinamente los límites de lo que hasta ahora parecía moralmente aceptable a una gran parte de la población. Esta revolución gramsciana 2.0 que persigue revertir la *hegemonía cultural* imperante —sobre todo a través de las redes sociales, que permiten una infiltración social mucho mayor que las canalizadas por los medios de comunicación tradicionales— supone, en realidad, una

esforzaba en copiar. El enemigo era sobre todo el liberalismo, en supuesta connivencia con el «globalismo» y con un capitalismo excesivamente paternalista, el del estado del Bienestar. A los ojos de la nueva derecha extremista, los derechos humanos eran y son un instrumento de opresión e imperialismo, de creación de un «nuevo» orden moral que alejaba a las personas de sus costumbres y de sus esencias, por supuesto católicas y enraizadas en las tradiciones sociales y culturales que habían sobrevivido a la homogenización creciente impuesta por un pujante capitalismo globalizador: esas esencias patrias fervorosamente conservadas por el mundo rural francés, con sus virtudes sencillas y su feliz aislamiento del mundo exterior.

Desde aquellos ya lejanos años sesenta, las «guerras culturales» que la nueva extrema derecha emprendió para reorientar un sentido común demasiado escorado hacia valores de izquierda se han ido ampliando progresivamente: de la puesta en cuestión de los derechos humanos pasaron a atacar los valores postmaterialistas que se abrían paso en el imaginario colectivo, desde el feminismo o la reivindicación de los derechos LGTBI+ y otras minorías hasta la denuncia y reversión del cambio climático o la tolerancia a la inmigración, incluso la procedente de las antiguas colonias de unas metrópolis que, después de considerarlos franceses de pleno derecho, ahora los repudiaban. En cada sucesiva crisis económicas del sistema capitalista —cíclicas, según Marx—, y sobre todo la especialmente virulenta crisis del 2008, las nuevas extremas derechas se centraron en captar el voto de los nuevos perdedores de la globalización. Esas clases medias que hasta entonces habían optado por los partidos tradicionales: conservadores, liberales, socialdemócratas o incluso comunistas.

Aunque cualquier generalización siempre es peligrosa, las elecciones celebradas en distintos países dan algunas pistas que explican, aunque

sea solo en parte, este *desplazamiento* generalizado del electorado europeo hacia opciones de
extrema derecha. En primer lugar, en un mundo
inmerso en múltiples crisis, la variable clave es
el miedo. Miedo a un futuro incierto, si no inequívoca e irremediablemente funesto. Un futuro distópico. El miedo, junto con la percepción
de que los costes de la vida han aumentado, es
una de las condiciones de posibilidad para que
crezca el atractivo del hombre (o mujer) fuerte
que exhibe músculo decisorio y promete estabilidad. Una autoridad sin limitaciones judiciales
ni parlamentarias. Una seguridad que protege al
hombre y la mujer blancos, un grupo mayorita-
rio en la Unión Europea y los Estados Unidos
que se siente ahora víctima amenazada por el
«reemplazo» de masas de inmigración que arri-
ban a sus países de forma desordenada.

El historiador argentino Pablo Stefanoni ha
explicado pormenorizadamente cómo *la rebel-*

día se volvió de derechas[5], es decir cómo y por qué el ataque al progresismo y la incorrección política están atrayendo de manera masiva a los jóvenes que se incorporan al mundo de la política con su derecho al voto aún intonso. En el fondo se trata de un principio estrictamente freudiano: para modificar algo que está escondido en el inconsciente, es necesario hacerlo subir a la superficie. Hacerlo consciente. Y esto es lo que hace la extrema derecha: concienciar a la gente de que su sentido común está realmente *infectado* por peligrosos virus izquierdistas. Es el llamado —y denostado— discurso «progre» o buenismo (un epíteto que ya se utilizaba en España para descalificar las políticas de Rodríguez Zapatero hace veinte años). De esta manera, las palabras se convierten y actúan como pequeñas dosis de arsénico que contami-

---

5   Stefanoni. P. (2023) *La rebeldía se volvió de derechas.* Siglo XXI de España Editores

nan paulatinamente el cuerpo social, por utilizar una metáfora organicista tan atractiva aún para estas nuevas fuerzas de extrema derecha, aunque naciera en el siglo XIX.

Víctor Klemperer, en *El lenguaje del III Reich* —publicado en 1947— ya analizaba la trivialización de las palabras que imponía la formidable maquinaria propagandística nacionalsocialista y la contaminación de los modos de ver, entender y descifrar la realidad a través del uso de términos y consignas que era machaconamente repetidas por unos medios de comunicación controlados monopolísticamente por el régimen nazi. Salvando todas las distancias —vivimos en una democracia y no hay monopolios comunicativos, aunque en países como Hungría la situación es bastante cercana a la del control absoluto de los medios de comunicación— podría decirse que la nueva extrema derecha europea ha *aggiornato* (actualizado) un ideario de similares características, aunque con distintos objetivos y diversa nomenclatura. Se mantiene la estrategia del chivo expiatorio, pero ahora ya no se encarna en el judío, sino en el inmigrante, especialmente el musulmán. O se abandona el racismo biologicista —propio, sobre todo, del nazismo—, pero se combate la igualdad entre hombres y mujeres —despectivamente denominada como «ideología de género»—, los derechos de las personas LGTBI+ y los de otras minorías. Se deslegitima el «fanatismo» climático, se da pábulo a todo tipo de teorías conspiranoicas, se crean *fake news* que supuestamente confirman sus peores presagios, se deslegitima al adversario político y, de manera solapada, se alientan actitudes violentas contra el que opina de manera distinta, posee otras tradiciones culturales o viste de manera diferente.

No obstante, el panorama de las extremas derechas europeas es más heterogéneo de lo que parece y requiere análisis concretos aplicados a cada país, aunque no resulte difícil encontrar un más o menos homogéneo *corpus* doctrinal compartido. Es importante tener en cuenta en todo momento las especificidades nacionales, aquellas que en última instancia explican su asentamiento electoral en el sistema político de cada Estado nación. Existen, por ejemplo, diferencias en temas como la economía, con formaciones abiertamente neoliberales como Vox y otras que abogan por un *Welfare Chauvinism*, como el *Rassemblement National* francés. También existen divergencias en lo que respecta a los valores: los hay que defienden una postura muy intransigente contra el aborto, los derechos LGTBI o la diversidad de modelos de familia, mientras otros son parcialmente más abiertos en estos temas de particular interés social. Finalmente, están los alineamientos geopolíticos, especialmente importantes en tiempos de guerra, como la de Ucrania, con notables diferencias entre atlantistas y rusófilos.

De acuerdo con Pippa Norris y Ronald Inglehart, una de las razones que explicarían el avance a nivel mundial del autoritarismo y el populismo de derecha sería, precisamente, el efecto que ellos denominan *cultural backlash*: es decir, una reacción conservadora ante el avance y la expansión de valores social-liberales, percibidos como una amenaza a las formas tradicionales de vivir y de entender la vida y el mundo.

Pero, con todo y las diferencias nacionales, todas las formaciones de extrema derecha radical comparten un cierto denominador común. Se desarrollan en la tierra fértil de la crisis de legitimidad que atraviesa la democracia liberal en todo el mundo, con su corolario de explosión de las desigualdades y de malestar social. Se nutren de un nacionalismo exacerbado que propone purificar y restituir las esencias patrias amenazadas por un alud de nuevos enemigos, encabezados por los inmigrantes musulmanes, pero también por el enemigo interior. Un enemigo clásico en España desde el siglo XV: el converso sospechoso de marranismo (judíos convertidos), el morisco displicente, los iluminados, los masones y afrancesados y, finalmente, los «rojos» socialistas, anarquistas o comunistas.

Pero, en este proceso de «hegemonización» del ideario extremista que persigue esta familia de partidos, no hay que atender tan solo a la cosmética ideológica, sino también a otras formas de actualización del *attrezzo* propio de la liturgia y los modelos cultuales de las democracias avanzadas, con la que intentan marcar distancias respecto a las primeras extremas derechas del siglo pasado y adquirir el marchamo de respetabilidad social e institucional. Los trajes de chaqueta bien planchados proyectan profesionalidad y modernidad. Lo mismo hacen las fotografías publicitarias de los y las gobernantes, que ahora están en mesas de conferencias o recorriendo una fábrica, en lugar de digiriéndose a un batallón. Este proceso de adecuación a los usos y costumbres formales de las democracias avanzadas implica, por ejemplo, cambiar el nombre y logo del partido o incorporar nuevos liderazgos con rostros de mujer o desvincularse de la etiqueta estigmatizadora de ser, precisamente, partidos de extrema derecha. Ese camino hacia al *dédiabolisation* («desdemonización») lo recorrió, por ejemplo, Marine Le Pen en 2016 al cambiar el nombre de *Front National* por el de *Rassemblement National* y expulsar a su padre como presidente, Jean Marine Le Pen, un antisemita sin complejos que llegó a decir que las «cámaras de gas fueron un detalle de la Segunda Guerra Mundial».

Este proceso de «desmarginalización» ha implicado otras renuncias necesarias para consolidar su legitimación social e institucionalización política: renuncia a la violencia, distanciamiento de los diferentes grupúsculos nacidos en la década de los cincuenta y sesenta, condena de las experiencias dictatoriales pasadas y aceptación

—sobrentendida— de la democracia como sistema de gobierno. No en balde, las primeras palabras proferidas por Marine Le Pen tras vencer en la primera vuelta en las elecciones legislativas de 2022 fueron «ha ganado la democracia». La mayoría de los partidarios de la extrema derecha no suelen oponerse a la democracia —un sistema político altamente valorado, a diferencia de lo que pasaba en la Europa de entreguerras— pero suelen ser hostiles al modo en que funcionan las instituciones democráticas existentes. Nunca conviene olvidar, sin embargo, que el mismo Hitler accedió al poder a través del sistema electoral definido por la República de Weimar y que, en numerosas ocasiones, se declaró abiertamente "pacifista".

Sucede algo parecido con la violencia: su rechazo es —aparentemente— explícito, aunque muchas veces llenos de matices, pero episodios como el asalto al Capitolio estadounidense en enero de 2021 —tras la derrota de Trump— o en 2023 en Brasil —tras la de Bolsonaro— ponen en evidencia que existe una agresividad social latente que eclosiona puntualmente, a veces de manera nada esporádica, sino alentada y hasta legitimada por sus principales beneficiarios.

4. LA NUEVA EUROPA DE LOS IDENTITARIOS

La ideología de la extrema derecha ha cambiado desde el pasado siglo. Como hemos comentado, no ha sido compacta y se ha visto obligada a adaptarse por cuestiones de tacticismo electoral y oportunismo político. Pero, menos que un ideario sólidamente compartido, el principal obstáculo para la colaboración internacional de la extrema derecha siempre ha sido estratégico. Hasta ahora, los partidos de extrema derecha solo han utilizado la colaboración internacional para romper su aislamiento político interno, intentando demostrar que no están solos o que los partidos tradicionales (o integrados) de otros países estaban dispuestos a colaborar con ellos.

Ya en 2018, el politólogo estadounidense Francis Fukuyama señaló en su libro *Identidad* que la orientación política identitaria de la izquierda —con su énfasis en los derechos de las minorías— amenazaba con crear un déficit de representación y reconocimiento entre la población mayoritaria, que consideraba que sus condiciones económicas de vida habían empeorado. La extrema derecha ha llegado para cubrir esa demanda de reconocimiento. Utiliza conceptos de la política identitaria de izquierda, pero cambiándoles el sentido: en lugar de enfatizar los derechos de las minorías, afirma el derecho de la mayoría a reconocer, respetar y preservar su identidad cultural. En consecuencia, esto significa que no solo se definen a sí mismos como defensores de las identidades nacionales tradicionales, sino también como adalides del Occidente histórico y sus instituciones. Al primer ministro húngaro, Viktor Orbán, le gusta tuitear con el *hashtag* MEGA —*Make Europe Great Again*—, en clara evocación del *Make America Great Again* del Trump de 2016 (que, con ligeras variantes, ya fue utilizado por Ronald Reagan en 1980).

La extrema derecha ha comprendido que las críticas excesivas a la UE y los conflictos actuales con las instituciones de Bruselas no dan los suculentos frutos esperados en las urnas. Marine Le Pen no ganó las elecciones presidenciales francesas precisamente porque anunció que quería abandonar el euro, ni Jarosław Kaczyński en Polonia ganó las elecciones parlamentarias polacas con su crítica casi obsesiva a la Unión Europea. Así que han reorientado su estrategia: su nueva misión es, por tanto, no abandonar la UE, pero sí cambiarla desde dentro. La extrema derecha se presenta ahora como una suerte de «europeísmo» positivo, exento de los defectos del actual modelo, excesivamente burocrático. Como dice Meloni, «no quiero distanciarme en absoluto de

Europa, pero quiero que Europa no se distancie de sí misma». Es decir, que el *verdadero* legado europeo debe defenderse y preservarse contra la relativización liberal y la multiculturalidad alentada por las fuerzas de izquierda.

Para la nueva extrema derecha —como también lo fue para la vieja— esta Europa idealizada es *naturalmente* fuerte, próspera y cristiana. Una Europa sublimada que se apoya en tres pilares fundamentales: la nación como eje de acción política, la familia (por supuesto, en su sentido tradicional) como núcleo de la sociedad y el cristianismo como sustrato religioso y cultural ineludible. El programa del partido holandés PVV para las elecciones parlamentarias de 2023 decía sobre este punto: "estipulamos constitucionalmente que nuestras raíces judeocristianas y humanistas forman la cultura dominante y rectora en los Países Bajos"[6]. Para las formacio-

---

[6]   Programa electoral de 2023 del PVV.

nes de extrema derecha —y sobre todo para sus votantes— la explicación de la actual crisis de la democracia es, simplemente, que el sistema no ha cumplido lo que prometió. Y no lo ha cumplido porque sigue el dictado de una moral demasiado liberal, unas reglas excesivamente centradas en lo económico —entendido como lenguaje esotérico— y unas políticas marcadas desde fuera del ámbito de la soberanía nacional por instituciones transnacionales, altamente burocratizadas, que no velan adecuadamente por los intereses de los *nativos* de cada estado en cuestión. El liberalismo, que nació para defender los intereses individuales limitando el radio de acción que el poder se arrogaba sobre la vida privada de los ciudadanos, es ahora, según ellos, el enemigo de todas las tradiciones e instituciones inveteradas que conforman el auténtico legado europeo. Algo que retrotrae este nuevo discurso extremista a las viejas —y violentas— controversias entre liberales, *serviles* y contrarrevolucionarios de principios del siglo XIX: de Maistre, Bonald, Chateaubriand parecen ahora revivificados y reivindicados.

Por otra parte, la progresiva cesión de soberanía a la UE habría creado, según los extremistas de derecha, un orden que ha acabado devaluando la participación democrática de los ciudadanos, debilitando a los estados nacionales como espacios de ejercicio de la soberanía y ampliando significativamente el poder de las élites y las grandes corporaciones transnacionales. «La nación», dijo Viktor Orbán, «es el gran invento de Occidente. Es el corazón del mundo libre»[7]. La nación pues, como eje fundamental de la acción política: ese es el primer pilar del nuevo orden europeo que defienden los partidos situados a la derecha de la derecha.

---

[7]   Discurso del primer ministro Viktor Orbán en la inauguración del CPAC Conferencia de Hungría, 05/05/2023

El segundo de esos pilares es la familia «natural», compuesta —por supuesto— por el hombre, la mujer y sus descendientes. No caben otras alternativas: familias monoparentales ni, aún menos, del mismo género. Es en esta unidad básica de la sociedad donde supuestamente tiene lugar la formación cultural y emocional esencial de todo ciudadano, no en las instituciones educativas públicas, y mucho menos laicas. La tarea del Estado debe ser, por tanto, preservar y proteger a la familia, alentando políticas «natalistas» que sirvan de contrapeso a la demanda de mano de obra inmigrante procedente de otros países, especialmente los empobrecidos. Un natalismo, curiosamente, muy parecido al impulsado en su momento por Mussolini, Hitler o Franco.

El tercer pilar sostiene un discurso identitario y esencialista, con el cristianismo como piedra angular irrenunciable de la Unión Europea, lo que en realidad impugna siglos de denodada lucha por separar Iglesia y Estado, una de las bases axiales de la modernidad desde que John Locke escribiera su *Carta sobre la tolerancia* a finales del XVII. Esta referencia esencialista, por supuesto, contiene un subtexto: la acusación de que el liberalismo moderno, pero también la inmigración islámica, amenaza estos supuestos cimientos del mundo occidental. La extrema derecha se reclama democrática también por esas mismas raíces cristianas: la democracia surgió en Occidente y en ningún otro lugar porque el cristianismo estipula en realidad la igualdad fundamental de las personas ante Dios. «La democracia liberal nunca podría haber surgido sin su base cultural cristiana»[8], ha sentenciado Viktor Orbán.

Hemos dicho que esta nueva extrema derecha exhibe credenciales democráticas, aunque sea con matices, como en el caso húngaro y el

---

[8]   Discurso del 22 de julio de 2023

de la Polonia del *PiS*. Pero es especialmente llamativa la querencia de estas formaciones por formas de participación democrática *directa*, sobre todo el referéndum o el plebiscito, de amplio uso en algunos países europeos como Suiza o en algunos estados de los Estados Unidos. Y la razón es fácilmente explicable: una vez socavado el antiguo «sentido común» supuestamente inculcado por la cultura liberal, la única vía —legal— que tienen los partidos de extrema derecha para derruir los pilares fundamentales sobre los que se asienta éticamente la Unión Europea —igualdad, tolerancia, antirracismo o laicismo, entre otros— es derrumbándolos con la fuerza del pueblo, expresada en las urnas sobre esas —y no otras— cuestiones puntuales. Se busca, así, acabar con los axiomas sobre los que asienta *todo* edificio conceptual, los postulados esenciales no sujetos —hasta ahora— a discusión, debate o disputa electoral. En pocas palabras, se trata de cambiar las reglas de juego con las que hemos convivido los últimos 75 años, los fundamentos últimos de la democracia liberal europea. Contradiciendo a Thomas Jefferson, ya no estamos en esa época en la que se pueden sostener verdades *self-evidents*, evidentes por sí mismas. Son precisamente esas verdades aparentemente indubitables las que la extrema derecha pretende arrumbar.

Pongamos algunos ejemplos: en Suiza se prohibió la construcción de mezquitas en 2009 tras un referéndum auspiciado por su principal partido de extrema derecha, mientras que Austria rechazó acoger a refugiados afganos en 2021 porque consideraba que ya había demasiados. El uso de la barcaza *Bibby Stockholm* para albergar a los solicitantes de asilo o el Plan Ruanda, ambos impulsados por los conservadores en el gobierno de Reino Unido, o la suspensión del espacio Schengen desde septiembre de 2024 en Alemania, alegando cuestiones de seguridad, son ejemplos idiosincráticos de políticas migratorias impulsadas por gobiernos democráticos que afirman respetar la Declaración de Derechos Humanos de 1948, aunque en realidad tratan de responder al auge extremista imitando sus propuestas. En definitiva, el debate sobre la gestión de la inmigración en Europa se está deslizando hacia la «necropolítica», un término —reverso de la biopolítica foucaultiana— acertadamente acuñado por el filósofo camerunés Achille Mbembe, quien lo define como «la capacidad de decidir quién importa y quién no, quién es desechable y quién no». Es decir, decidir quién debe vivir y quién no importa que muera.

5. EL ESPÍRITU DE LA EXTREMA DERECHA CONTAGIA EUROPA

«Las posiciones que alguna vez fueron condenadas y tratadas con desprecio se están convirtiendo en posiciones compartidas», dijo a los periodistas en 2016 el primer ministro húngaro, Viktor Orbán, el principal ícono político de la familia de la extrema derecha europea y el más importante altavoz de Trump y Putin en Europa. Uno de los principales motivos de la veracidad de esa altanera afirmación es la contrastada capacidad de la extrema derecha para parasitar la agenda política y la conversación mediática. Incluso en aquellos países en que la extrema derecha, de momento, no ha llegado a posiciones de gobernabilidad estatal —como España o Francia— la ultraderecha sigue siendo influyente al conseguir imponer los temas y el tenor de la conversación pública de sus respectivos países.

Y no solo eso: los partidos tradicionales, ante la posibilidad de perder espacios electorales, se han apropiado sin demasiado rubor de muchos tópicos de esta nueva extrema derecha. Algunos especialistas han llamado a este proceso «hibridación de las derechas». Y se está produciendo en todas partes. En primer lugar, porque los partidos conservadores y liberales ya no se oponen a trabar pactos con la extrema derecha, sino que cada vez más imitan su retórica e integran algunas de sus propuestas en sus propias agendas políticas. La hibridación de estas derechas —convencionales y extremas— se articula principalmente en torno a dos ejes.

En primer lugar, por las alianzas electorales y los pactos de gobierno, en la medida en que los llamados «cordones sanitarios» se han ido demostrado inoperativos una vez las derechas radicales han roto su techo de cristal y han empezado a aumentar su peso electoral y político en el espacio institucional europeo. Y, en segundo lugar, por la creciente convergencia de los programas políticos, por ejemplo, en lo que se refiere a determinados aspectos de las «guerras culturales», como la lucha contra el cambio climático y, sobre todo, la inmigración, un tema unificador en tanto que permite establecer unos vínculos más o menos estrechos entre conservadores y extrema derecha, dos bloques a menudo separados por la política económica (liberalismo *versus* estatismo) y por su idea de Europa (integración *versus* nacionalismo). Pero nos equivocaríamos si pensáramos que la infección de posturas antinmigratorias solo afecta al espectro conservador o liberal: los Socialdemócratas daneses, tras perder el gobierno en las elecciones de 2015, en las que la ultraderecha se erigió como la segunda fuerza del país, fueron los primeros en adoptar y adaptar las propuestas en materia de inmigración de la derecha radical.

Así, la detención y deportación masiva de inmigrantes indocumentados — medidas que alguna vez fueron defendidas solo por quienes estaban al margen de la esfera pública— hoy ya se han convertido en políticas públicas aprobadas por ejecutivos de casi todos los colores políticos. Tropismos de extrema derecha, desde el «Gran Reemplazo» —una teoría conspirativa según la cual las élites liberales están reemplazando deliberadamente a europeos blancos por inmigrantes— hasta la preocupación por la caída de las tasas de natalidad de los europeos «indígenas», están siendo utilizados sin tapujos por figuras respetables de contrastado talante conservador o liberal.

Tampoco debemos olvidar que la progresión de la extrema derecha no solo se mide en las urnas, sino también por los de cambios de *agenda-setting* que acaban imponiendo y por su capacidad de permeabilización social: aquella *lepenización* de los espíritus, en definitiva, a la que antes hemos aludido. De hecho, los resultados electorales constituyen una porción mínima de su verdadera influencia política. La extrema derecha aspira a ocupar la mayor parte del territorio social a través de la colonización progresiva de los discursos públicos, incluso bajo formas de arrendamiento de organizaciones y asociaciones con distinto objetivo: desde patronales de empresarios, clubs deportivos, sindicatos, asociaciones culturales, pasando por medios de comunicación u organizaciones no gubernamentales. Todas ellos son sectores de potencial infiltración por parte de los acólitos de la derecha extremista.

Solo hay que fijarse en la importancia creciente que ha adquirido el debate sobre la inmigración en el imaginario social, según su reflejo en las prospecciones demoscópicas: las recientes encuestas europeas coinciden en que la mayoría de la población percibe que hay demasiados inmigrantes en su país (90% de los griegos, 77% de alemanes o 70% de franceses y españoles). Esto es, inequívocamente, resultado de la amplia proyección social de los postulados de la extrema derecha en un contexto político en el que la UE todavía no ha definido una política común y eficaz sobre la materia, más allá del eslogan desgastado de que es necesario actuar con humanidad pero también firmeza. Es justo ahí donde las derechas conservadoras y las radicales pueden encontrar más fácilmente un espacio común. A modo de ejemplo, los españoles perciben que existe el doble de población migrante de la que realmente hay y piensan que la mitad de los migrantes reciben ayudas, aunque solo un 11% lo hacen (Fundación Iseak, 2024). «Resulta llamativo —dice Antonio Pau en su *Manual de Escapología*— que el capitalismo pretenda, para sí mismo, la desterritorialización y la desregulación y, sin embargo, imponga a los fugitivos fronteras, alambradas y una regulación detallada y severa».

Apelar al odio y al miedo —a una política centrada exclusivamente en las emociones— es primordial para una ultraderecha que se niega a entender que el problema de la inmigración no es más que un síntoma de profundos desequilibrios geopolíticos y económicos generados por un globalismo heredero —no lo olvidemos— de los procesos de colonización del siglo XIX. Nos encontramos, una vez más, con la divergencia radical entre la realidad y la percepción de la realidad: mientras los economistas insisten una y otra vez en la cada vez más acuciante necesidad de mano de obra —proporcionada por la inmigración dados los bajos índices de natalidad de las sociedades avanzadas—, la extrema derecha, que se adhiere a los postulados neoliberales, los convierte en cabezas de turco y única causa eficiente de todos los problemas del país. La realidad es que la inmigración continuará incrementándose: si en 1990 había 154 millones de personas desplazadas por la inmigración, en el año 2019, justo antes de la pandemia de la Covid-19, más de 272 millones de personas se podían calificar como inmigrantes en todo el mundo.

A pesar de todo ello, el marco dominante de la política migratoria europea se acerca cada vez más a la fórmula del cierre de fronteras y la expulsión de la inmigración irregular. Y no son solo posiciones categóricas y tajantes defendidas por los partidos o gobiernos en los que participa la extrema derecha, sino también por aquellos que solo aúnan fuerzas conservadoras, liberales y hasta socialdemócratas. Es el modelo de la «Fortaleza Europa». En mayo de 2024, apenas diez días antes de las elecciones europeas del 9 de junio, quince de los veintisiete países de la UE firmaron un acuerdo para externalizar fuera de sus países el problema migratorio y de asilo, siguiendo el modelo de Meloni en Italia, que creó centros de internamiento en Albania con el argumento del «insostenible» aumento de las llegadas irregulares de migrantes. La declaración, de cuatro páginas, presenta ideas y propuestas diseñadas para transferir parcialmente las tareas de asilo y gestión de los inmigrantes irregulares a otros países. Previo pago compensatorio, evidentemente. Este modelo fue asumido cinco meses después, como «solución innovadora», por la propia presidenta Ursula Von de Leyen en la primera cumbre de los veintisiete en Bruselas. No obstante, el plan Meloni ha quedado —al menos temporalmente— paralizado por el Tribunal de Roma, basándose en una resolución del Tribunal de Justicia de la UE que recorta drásticamente la lista de países que se pueden considerar seguros y a cuyos ciudadanos Italia puede aplicar el protocolo rápido de acogida y expulsión en Albania.

Otro de los ejemplos del condicionamiento, por parte de las extremas derechas, de las agendas y políticas públicas es el problema de la transición ecológica, uno de los asuntos que más ha beneficiado electoralmente a estas formaciones en los últimos años, junto con la inmigración, porque afecta de pleno a uno se los sectores tradicionalmente más problemáticos para la Unión Europea: el mundo agrario. Una vez asumido el principio de la libertad absoluta de comercio, a los países europeos les resulta más barato *importar* productos agrícolas de países no europeos, que, además, no están sometidos a los mismos estrictos y exigentes controles fitosanitarios que la propia UE impone a los productores del continente. El *Green Deal* —el llamado Pacto Verde europeo— está convirtiéndose en el mejor caballo de Troya de la extrema derecha para captar el voto rural. Ellos fueron los primeros en detectar la crisis que se estaba larvando lentamente en el sector primario, una crisis que les abrió una nueva ventana de oportunidad electoral. Recurriendo sin ningún tipo de sonrojo al tacticismo político más espurio, se presentaron como la única respuesta a las preocupaciones de los agricultores con un mensaje simplista que reducía la solución de una crisis poliédrica a señalar y combatir un único enemigo: los burócratas de Bruselas y sus normas medioambientales, el «fanatismo climático». Su presión, unas semanas antes de las elecciones al Parlamento Europeo del 9 de julio de 2024, con manifestaciones de cientos de agricultores, consiguió que se *relajaran* las exigencias de la Política Agraria Común en cuestiones que avanzaban hacia la sostenibilidad y que tardaron casi una década en ser consensuadas. Es decir, que los grupos políticos que conforman y dominan el Parlamento Europeo —populares, socialdemócratas, liberales e incluso verdes— han tomado buena nota de la nueva amenaza, rebajando el rigor de sus propuestas medioambientales. Una nueva victoria —colateral— de la extrema derecha europea.

6. LA DEMOCRACIA ASEDIADA. POLITICAS DE RETROCESO

«Tenemos que abandonar los métodos y principios liberales de organización de la sociedad. El nuevo Estado que estamos construyendo es un Estado iliberal, un Estado no liberal», dijo en 2014 el primer ministro húngaro, Víktor Orbán, representante principal de la corriente política que más ha crecido en el último cuarto de siglo en Europa. En respuesta, el Parlamento Europeo aprobó en septiembre de 2022 una resolución —insólita— que certificaba que Hungría ya no podía considerarse una democracia plena y que la situación en aquel país se había deteriorado tanto que *de facto* se había convertido en una «autocracia electoral», condenando los «esfuerzos deliberados y sistémicos del Gobierno húngaro» por socavar los valores comunes europeos.

En Italia, Hungría y los Países Bajos, los partidos de extrema derecha ya están en el poder y durante ocho años (2015-2023) el PiS gobernó Polonia, desplegando una buena parte del arsenal legislativo que caracteriza a las políticas de la extrema derecha cuando gobiernan: atacó a la comunidad LGBT —creando zonas de exclusión LGBTI al considerarla una «ideología peligrosa»—, cerró o asfixió económicamente a los medios de comunicación que no eran afines y recortó considerablemente la capacidad del poder judicial para poner coto a la acción del ejecutivo, uno de los pilares centrales de la democracia desde los ya lejanos tiempos de Montesquieu.

En España, en aquellas comunidades autónomas y más de un centenar de municipios donde la extrema derecha pactó —hasta que deshizo— gobiernos de coalición con los conservadores del PP, la huella que dejó se hizo notar rápidamente: desmantelamiento de la red de recursos de prevención y atención contra la LGTBI-fobia, reducción de fondos económicos para la integración del migrante o para combatir la violencia de género, supresión del diálogo social entre sindicatos y patronal y hasta retirada de libros supuestamente perniciosos por su temática en bibliotecas municipales, además de censurar conciertos, películas y obras de teatro ya programadas con anterioridad.

Estas medidas ejecutadas por los gobiernos de extrema derecha en solitario o en coalición son solo un ejemplo del asedio que sufre la democracia bajo los gobiernos o las coaliciones de la extrema derecha. Un asedio que contradice la tesis de que los extremistas moderan sus políticas cuando acceden al poder para revestirse de un barniz de respetabilidad. Sucede más bien todo lo contrario: acaban arrastrando a la derecha tradicional hacia sus posiciones más intransigentes. Desde septiembre de 2022, Georgia Meloni ha sabido adaptarse y mimetizarse con el *entourage* político europeo gracias a una retórica mesurada y a su política de gestos que imita el estilo comunitario, hasta el punto de ejemplificar una extrema derecha «normalizada». De hecho, ya ha alcanzado acuerdos y cosechado notables triunfos, como hacer de su candidato, Raffaele Fitto, el nuevo vicepresidente de Cohesión y Reformas de la nueva Comisión Europea. Fitto empezó en la Democracia Cristiana para más tarde ser delfín de Silvio Berlusconi en *Forza Italia* y, finalmente, ser cooptado por *Fratelli d'Italia*. Es decir, encarna como nadie la deriva extremista de la tradicional clase política conservadora durante las dos últimas décadas, tan acertadamente analizada por Anne Appelbaum en *El ocaso de la democracia*[9], obra que ganó más que merecidamente el premio Pulitzer.

La conclusión es inequívoca y no admite demasiados paliativos: a medida que la extrema derecha se instala en el poder o adquiere mayor influencia en el diseño de políticas públicas, la democracia se resiente. La red de expertos de V-Dem (*Varieties of democracy*), que para cada país y cada año evalúa el nivel de democracia siguiendo distintos indicadores, viene advirtiendo, ya desde 2019, del más que notable incremento de los procesos de autocratización de numerosas democracias. En su último informe publicado en 2024 —*Democracy Winning and Losing at the Ballot* («Democracia ganando y perdiendo en las urnas»)— señalan

---

[9] Appelbaum, A. (2021). *El ocaso de la democracia*. Debate.

que el número de democracias que cumplen con las suficientes garantías ha disminuido hasta los niveles del año 1985: un retroceso de 40 años. Como sintetizó magistralmente Gerry Stoker en su libro *Why Politics Matters* (2006): «lograr una democracia de masas fue el gran triunfo del siglo XX. Aprender a vivir con ello será el gran logro del siglo XXI».

7. ¿QUÉ HACER?

El crecimiento de la extrema derecha en el Parlamento Europeo, con una resonancia especial en países centrales de la Unión —como Francia, Italia, Países Bajos o Austria— abre varios interrogantes sobre el futuro inmediato. ¿Cómo quedan posicionados los diferentes bloques ideológicos en el Parlamento Europeo y cómo impactará en el futuro inmediato de la Unión? La *photo finish* de la X legislatura, salida de las elecciones europeas del 9 de junio de 2024, ha dejado una estrecha mayoría en favor del bloque europeísta. Europa ha redefinido sus equilibrios básicos y puede asegurarse que, en líneas generales, lo ha hecho en beneficio de la continuidad que ha caracterizado la institución a lo largo de su historia. No se confirmó ningún vuelco electoral ni se ha inaugurado un nuevo ciclo presidido por unas extremas derechas que pretenden detonar los fundamentos de la Unión desde el interior del sistema. Pero es innegable que la extrema derecha creció en votos y escaños más que significativamente. Si se unieran en un solo grupo sumarian 205 escaños y se quedarían a uno solo de la primera fuerza, los populares. En total, ocupan el 28,47% de los asientos de la Eurocámara, casi diez puntos más que en la anterior legislatura, una cifra récord que supera exponencialmente la de los primeros diputados europeos conseguidos por el MSI o el antiguo FN en el siglo pasado. La mejor noticia para la estabilidad política europea es que, aunque la extrema derecha ha avanzado, se encuentra dividida en tres grupos parlamentarios y, sobre todo, que sus votos no son indispensables para conformar una mayoría en los parlamentos de Estrasburgo y Bruselas. Pero el Partido Popular Europeo ya ha establecido pactos puntuales con ellos, lo que indica que esta puede ser una práctica más habitual de lo deseable. Y, además, todo un síntoma que presagia una complicidad peligrosa para la democracia europea.

Porque, aunque la gran alianza entre conservadores, socialdemócratas, liberales y verdes siga gozando de la mayoría suficiente en la Eurocámara, eso no significa que la influencia política de la extrema derecha no siga condicionando la agenda europea. La aprobación del pacto migratorio por parte del Consejo Europeo el 14 de mayo de 2024, en que se recogían muchas de las demandas de la extrema derecha para cerrar las fronteras y limitar el derecho de asilo, es una buena prueba de ello. El proyecto de las extremas derechas afianzadas en el Parlamento

Europeo —y ahora también con representación en la Comisión— pasa, ya lo hemos dicho, por revertir los traspasos de soberanía nacional, por disminuir su potencial legislativo y porque, en definitiva, se convierta más en un club de naciones que en una institución supranacional con poder ejecutivo directo sobre sus miembros.

Pero —y esa es la buena noticia— la extrema derecha europea no está lo suficientemente unificada como para consolidar un proyecto común. El principal obstáculo a la unificación de toda la extrema europea en un solo grupo responde a divisiones estratégicas en política exterior (atlántica y rusófila) más que ideológicas, organizativas o personales. Los «Patriotas por Europa», encabezados por Orbán, aglutinan a la extrema derecha española, polaca y holandesa, entre otras: es, de hecho, el mayor grupo de extrema derecha que se haya formado jamás en el Parlamento Europeo y ha conseguido situar al candidato de Orbán, el húngaro Olivér Várhelyi, en la Comisión Europea. Este nuevo grupo intentará servir de puente de unión entre Donald Trump y Vladímir Putin para debilitar a Bruselas.

«¿Qué hacer?», se preguntaba Lenin a finales de 1901. Y la pregunta sigue siendo pertinente ahora: ¿qué podemos hacer con —o contra— una nueva extrema derecha firmemente asentada ya en los parlamentos y gobiernos europeos? «Los votantes prefieren el original a la copia», solía decir Jean Marine Le Pen, el histórico líder de la extrema derecha francesa. Y, ciertamente, la evidencia y experiencia histórica de gobiernos de coalición con la extrema derecha desde 1970 no deja lugar a dudas: acercarse a las posiciones extremistas no solo no beneficia a los partidos conservadores convencionales, sino que puede acabar fagocitándolos. Como ya ha ocurrido, por distintas razones, en Francia o en Italia.

De hecho, existen países europeos con una cultura de pactos muy asentada en los que son habituales las alianzas con los partidos de los extremos. No siempre estos partidos radicales son vistos como incompatibles con la democracia. Así, el gobierno estatal de Noruega está conformado por los conservadores y la extrema derecha (Partido del Progreso), apoyados por los democristianos. En Suecia, los candidatos de la extrema derecha se presentaron como «demócratas» y lograron firmar un contrato de coalición (sin participación en el gobierno) con los partidos conservadores. Al otro lado de los Alpes, en Italia, la fusión de las derechas se produjo en beneficio de la tendencia más identitaria, pero borrando las referencias de los *Fratelli d'Italia* de Meloni a su pasado neofascista. En Países Bajos, la extrema derecha lidera el gobierno de coalición con otras tres fuerzas conservadoras. Y, aunque parece haberse aplicarse un cordón sanitario *estético* porque su líder, Geert Wilders, no es el primer ministro —a pesar de ser el partido más votado—, ha logrado designar a cinco de los quince ministros con puestos clave para difundir uno de los puntos nucleares de su ideario: asilo e inmigración.

La estrategia de ceder una parte —por más ínfima que sea— de terreno institucional a la extrema derecha para frenarla nunca funciona. Siempre que se ha tratado de neutralizar a los partidos de extrema derecha asumiendo parte de sus premisas ha sucedido justo lo contrario: no solo han legitimado su discurso en favor de una democracia más autoritaria, sino que han provocado un trasvase de votos a su favor e incluso la aparición de nuevas ofertas electorales más radicales. En Grecia, tras la ilegalización de Amanecer Dorado en 2020, hoy hay tres formaciones parlamentarias que superan el 12,7% de apoyos y que representan una miríada de opciones ideológicas hechas casi a la medida de los distintos idearios de la extrema derecha actual: están los que son directamente neonazis, los más contrarios a la inmigración y aquellos que subrayan sobre todo su euroescepticismo. En Francia, a la derecha de Le Pen nació Zemmour y, en España, apareció «Se acabó la fiesta», una excrecencia «conspiranoica» de la constelación ultra cuya irrupción ha aumentado la competencia en un espectro ideológico, el de la extrema derecha española, que hasta ahora parecía monopolizado por Vox.

Pese a esta evidencia, este clima político de derechización es común en toda la UE. En Francia la Asamblea Nacional aprobó en diciembre de 2023 (con los votos de la extrema derecha) una ley impulsada por Emmanuel Macron que asumía parte del programa de Le Pen, con medidas más represivas, como el endurecimiento del acceso de los extranjeros a las ayudas sociales. El texto incluye la idea —axial para el RN— de la «preferencia nacional», que exige a los extranjeros llevar dos años y medio trabajando en Francia, o cinco años en caso de no trabajar, para poder acceder a algunas ayudas sociales. Después de las elecciones legislativas francesas de 2024, ganadas por el bloque de la izquierda, Macron ha diseñado un ejecutivo sostenido, en la sombra, por el grupo de Le Pen, que ahora parece dispuesta a hacer caer. Todo ello queda muy lejos —en el tiempo tanto como en las respuestas— de lo que sucedió en 1984, cuando en las elecciones europeas de aquel año fueron elegidos representantes del FN francés y la AN italiana. Entonces, el Parlamento Europeo reaccionó creando una Comisión de Investigación sobre el Ascenso del Fascismo y del Racismo en Europa y publicó un informe sobre la emergencia de grupos de derecha radical

Un camino diferente al de Francia parece haber seguido Alemania, donde el Ministerio del Interior presentó en 2024 un Plan de trece medidas para «combatir a la extrema derecha» que puso el foco en las redes y la desinformación. Conviene no olvidar, sin embargo, que estas medidas destinadas a «proteger la democracia» se realizan en un país, cuna del nacionalsocialismo, que posee una Ley

Fundamental de carácter *militante*, abiertamente antifascista. Sin embargo, según los resultados de las elecciones en los *länder* y las proyecciones para las próximas elecciones federales de febrero de 2025, este paquete de medidas no ha conseguido debilitar el empuje de AfD, aunque la Oficina para la Protección de la Constitución haya interpuesto multas a miembros de Afd como Björn Höcke por utilizar durante un mitin el eslogan «Todo por Alemania», que era un lema de las SA.

No solo desde las instituciones alemanas se intenta contrarrestar el auge extremista: en vísperas de las elecciones europeas, decenas de empresas alemanas formaron una alianza para advertir que la intolerancia dañará la economía, poniendo de manifiesto la necesidad de la llegada de fuerza laboral inmigrante para que la economía alemana siga siendo competitiva.

También los medios de comunicación tradicionales han desarrollado nuevos modelos de periodismo para no convertirse en meros amplificadores de los bulos y las mentiras de los políticos sospechosos de propagar falsedades. Para ello, se han desarrollado verificadores de noticias y se publican dobles entrevistas (la editada y la transcripción completa con notas en las que se chequean sus afirmaciones). Uno de los principales ejemplos lo protagonizaron las tres grandes cadenas de televisión estadounidenses (ABC, CBS y NBC) que interrumpieron la transmisión en la que el presidente Donald Trump denunció un fraude electoral en noviembre de 2020 sin pruebas. Lo cual no ha impedido un nuevo triunfo —esta vez también en voto popular— de Donald Trump, quien ha fagocitado al *Grand Old Party* con una marca propia (MAGA), con la pretende seguir manteniendo su hegemonía sobre el Partido Republicano una vez finalicen sus cuatro años de mandato. Una legislatura que le convertirá en un formidable amplificador mundial de las posiciones de extrema derecha.

8. GANANDO TIEMPO. A MODO DE CONCLUSIÓN

Suspendida en el aire, queda la pregunta fundamental, una pregunta que señala la magnitud del desconcierto político en el que todavía seguimos instalados: ¿qué ha sucedido en estos últimos años para que unos mensajes y discursos, que apenas unas décadas atrás eran absolutamente marginales y parecían incluso delirantes, ahora seduzcan a un cada mayor número de votantes? Hemos hablado de factores culturales y económicos que arrancan sobre todo del parteaguas del cambio de siglo. Pero quizás haya que echar la vista un poco más atrás, cuando *realmente* empezó todo: en los años setenta, con la crisis del petróleo y la aparición de las primeras grietas en el sistema financiero que sostenía el estado de bienestar. En un influyente libro publicado en 2013 —cuando los efectos de la crisis desatada en 2008 eran todavía trágicamente perceptibles— el sociólogo alemán Wolfgang Streeck analizaba «la crisis pospuesta del capitalismo democrático». Lo tituló, muy gráficamente, *Comprando tiempo,* y en él sostenía que la —casi crónica— crisis entre capitalismo y democracia fue postergada, desde los años setenta del siglo XX, primero gracias a la inflación, luego a través de la deuda pública, más tarde expandiendo el crédito privado y, ahora, con la compra por parte de los bancos centrales de deuda pública y pasivos bancarios. De *La crisis del capitalismo democrático*[10] habla también Martin Wolf, periodista y comentarista económico del *Financial Times*, periódico nada sospechoso de filiaciones izquierdistas ni antisistema. En su libro, Wolf analiza el impacto de la globalización o internacionalización de la economía—de la que, sin embargo, sigue mostrándose partidario— en el mercado de trabajo, es decir en la vida y las condiciones económicas

---

[10] Wolf, M. (2023). *La crisis del capitalismo democrático.* Deusto.

de las personas que antes conformaban una clase media que ahora se entrega a líderes autocráticos que prometen la redención de todos sus males en un claro ejemplo de lo que algunos autores llaman «interpasividad»: la delegación que un individuo hace en otro para que actúe e incluso sienta —y se exprese— por él.

Algunos analistas atribuyen la contundente derrota de Kamala Harris frente a Trump al aumento de la inflación. Pero los síntomas del malestar generalizado son más amplios y llevan mucho más tiempo fermentando en un caldo de cultivo que se ha demostrado proclive a las extremas derechas mundiales. Las respuestas a esta involución extremista, apresuradas e improvisadas, se han revelado insuficientes: cuando se desencadenó la crisis financiera y se aplicaron medidas —más bien correctivos— de austeridad financiera, control de deuda y recorte de los servicios públicos, la clase dirigente europea consideró el incremento de las fuerzas de extrema derecha, que ya empezaba a ser evidente, como algo pasajero y circunstancial. Algo puntual que remitiría inexorablemente cuando la crisis lograra encauzarse y la prosperidad que aseguraba la *doxa* neoliberal volviera a fluir por de todo el tejido social. Nada más lejos de la realidad. La sensación, concomitante a la que Streeck denunciaba que se tenía con el capitalismo, es que con la extrema derecha nos estamos limitando a ganar tiempo: cada cita electoral es un combate a vida o muerte entre las fuerzas democráticas del bien y las autocráticas del mal. Combates que muchas veces se pierden —Orbán, Meloni, Wilders, Trump— y otras se ganan por márgenes irrisorios, generalmente apelando a la unión de *todas* las otras fuerzas políticas contra la entente extremista, como en el caso de las últimas legislativas francesas. O en el del actual gobierno español, liderado por un partido socialista al que respaldan *todas* las otras fuerzas parlamentarias a excepción del PP, Vox y el diputado de UPN.

Durante mucho tiempo hemos dado por supuesto —por autoevidente— el matrimonio entre capitalismo y democracia. Pero olvidamos que primero llegó el capitalismo y, solo mucho más tarde, la democracia: el capitalismo del siglo XIX nunca fue democrático, en el sentido que ahora damos al término. Es más, según el siempre expeditivo Slavoj Žižek, el liberalismo decimonónico *ya* fue una forma de capitalismo autoritario[11]. El caso es que, en el siglo XX —y solo después de la Segunda Guerra Mundial—, se llegó a una entente, a una alianza en cierto modo de conveniencia, porque la naturaleza de cada uno de esos dos sistemas no puede ser más antitética, como señala el mismo Martin Wolf:

---

[11] Slavoj Žižek (2011), «From democracy to divine violence», en AA.VV., *Democracy in what State?*, Columbia University Press, p. 102 y ss.

«la democracia otorga la soberanía a electorados definidos por la ciudadanía. El capitalismo otorga la toma de decisiones a los propietarios y gestores de empresas que compiten a escala mundial». El conflicto entre estas dos partes de la ecuación se mantuvo contenido —o en estado latente— mientras la esfera política imponía límites correccionales y regulatorios al capitalismo, cosa que ya sabemos que dejó de suceder cuando el neoliberalismo se convirtió en el *único* modelo de gobernanza económica —y, por ende, política— a partir de los años ochenta del siglo pasado: «la política democrática es nacional —sigue apuntando Wolf— mientras que la economía de mercado es global; y la política democrática se basa en la idea igualitaria de una persona, un voto, mientras que la economía de mercado se basa en la idea desigual de que los competidores que triunfan cosechan los beneficios». La libertad sin precedentes que nuestra sociedad ofrece a sus miembros —decía el filósofo conservador Leo Strauss— ha llegado acompañada de una impotencia también si precedentes. De ahí que una gran mayoría de la población, intrascendente en un plano económico mundializado que actúa a sus expensas, entregue su única baza igualitaria —el voto electoral— a aquellas formaciones que aseguran ser las únicas capaces de revertir un *statu quo* que creen que les perjudica: una nueva extrema derecha reforzada, políticamente incorrecta y lenguaraz, que no duda en poner en solfa los pilares esenciales sobre los que se basaba una prosperidad general que existió —quizás— en el pasado, pero ya no se atisba en el presente ni se otea en el horizonte. «Somos el futuro. Se acabó vuestra era», avisaban altaneramente al actual *establishment* los líderes de la extrema derecha mundial que el líder de Vox, Santiago Abascal, consiguió reunir en Madrid a principios de febrero de 2025. Y hay muchas razones para pensar que tienen razón.

El politólogo holandés Cas Mudde afirmaba que para combatir y superar a esta nueva extrema derecha que se expande por doquier es importante no centrarse en derrotar a la ultraderecha, sino en fortalecer la democracia liberal, ya que solo la satisfacción democrática puede mermar el apoyo a las derechas radicales. Para Mudde, gran parte del éxito de la derecha radical está relacionado con esas debilidades —esas contradicciones insolubles denunciadas por Martin Wolf— del capitalismo democrático, especialmente el vertiginoso crecimiento de las desigualdades. Pero se puede decir lo mismo, sin embargo, en otros términos, más claros y contundentes: el actual triunfo de la extrema derecha se debe exclusivamente al fracaso de las ideologías tradicionales. Liberales, conservadoras o socialdemócratas. No existen medidas profilácticas ni lenitivos de urgencia que aseguren una rápida cauterización de la herida extremista, sino que la solución exige una intervención en el corazón abierto de esas culturas políticas que una vez garantizaron paz y prosperidad generalizadas. Y eso pasa por reconstituir y revigorizar unas tradiciones políticas que empezaron justamente su declive electoral cuando abrazaron el consenso neoliberal, disipando así las notables diferencias entre sus respectivas soluciones a los problemas que aquejaban y aún aquejan a las sociedades capitalistas avanzadas desde hace más de cincuenta años.

Así que quizás estemos planteando mal la cuestión: no se trata tanto de saber si la democracia es compatible con un capitalismo desenfrenado, globalizado y altamente desigualitario, sino que la pregunta consiste en dilucidar si el neoliberalismo —esto es, el capitalismo desencadenado— *necesita* a la democracia como correlato y sustento de su programa de gobernanza, que es tanto como decir de su modelo de organización de la vida en común. ¿Puede existir un neoliberalismo democrático? Los padres fundadores del credo neoliberal jamás establecieron una cohabitación ineludible entre democracia y neoliberalismo. Entrevistado por el periódico chileno *El Mercurio*, Friedrich August von Hayek afirmó —tan pronto como en 1981— que «mi preferencia personal se inclina a una dictadura liberal y no a un gobierno democrático donde todo liberalismo esté ausente». Quizás «dictadura liberal» sea una —otra— buena definición de lo que en verdad significa el neoliberalismo actual. Ahí está también el ejemplo del Chile de Pinochet, el primer experimento neoliberal auspiciado por Milton Friedman —premio Nobel en 1976— y sus feligreses de la Escuela de Chicago. Y ahí sigue, amenazante, China, con su capitalismo autocrático. O Rusia, con sus ingentes reservas energéticas y de materias primas, que aseguraba un abastecimiento barato al «industrializado» occidente democrático europeo, al que permitía seguir creciendo económicamente siempre que desviara la mirada de las flagrantes vulneraciones de los derechos humanos perpetradas sistemáticamente en el gran país euroasiático.

En definitiva, en esta nueva era política —no solo alejada sino encarnizadamente enfrentada al espíritu «sesentayochista»— las democracias liberales y capitalistas europeas se enfrentan a un extremismo de derechas que se extiende por todo el globo a la velocidad de una pandemia, a una democracia iliberal establecida como hoja de ruta y modelo a seguir, y a las autocracias electorales de algunos países como Rusia o los Estados Unidos de un Trump que se resiste a respetar el sistema de contrapesos establecido por los Padres Fundadores de la primera democracia del mundo. Todo ello demuestra que estamos dejando de ganar tiempo y que, en el bipartidismo imperfecto que caracterizaba hasta ahora nuestras imperfectas democracias, ya no existe el principio del *tertium non datur*, tal y como vaticinó Francis Fukuyama en aquellos eufóricos años noventa en los que la democracia liberal parecía no tener ya rival. Ese tercero en permanente discordia —que en su momento fue el comunismo *real*—, es ahora una extrema derecha renovada, reforzada y vigorizada que, como el enemigo, ya no está apostada a las puertas de nuestros baluartes democráticos: esos estados de derecho que malviven en un permanente estado de asedio. Ahora ya los tenemos dentro de nuestras murallas. Acampados en el mismo centro de la ciudadela europea.